Néstor Omar Ledesma

Loas a María Auxiliadora

Néstor Omar Ledesma

Loas a María Auxiliadora

Loas a María Auxiliadora 1/5

JustFiction Edition

Imprint

Cover image: www.ingimage.com

Publisher:
JustFiction! Edition
is a trademark of
International Book Market Service Ltd., member of OmniScriptum Publishing Group
17 Meldrum Street, Beau Bassin 71504, Mauritius
Printed at: see last page
ISBN: 978-613-9-42312-5

Néstor Omar Ledesma

Loas a María Auxiliadora

(Poesías)

Buenos Aires
2019

Loas a María Auxiliadora I

María Auxiliadora
mi alma rememora
recuerdos de otros tiempos,
cuando a los gritos el viento
repetía tu nombre
y anunciaba tu presencia.

Como la aurora maravillosa
rosada y glamorosa
que brilla y resplandece
en cada amanecer,
trayendo la luz que crece
llamando al renacer.

Así llegaste tú, traída por misioneros
con rastros en los senderos,
cargando de plenitud,
iluminando mares y tierras
abajo en Santa Cruz.

Un barco fue tu morada,
palabras de gratitud,
envuelta en rayos de luz
quedaste atenta y radiante
en nuevo hogar y lugar
de las almas que buscaste.

Hoy eres el faro que guía
a seres errantes que van
buscando una ruta segura,
una casa que alcanzar,
y pierden sentido a la vida
se pierden en el andar.

Son hombres que surcan la tierra,
que dejan su marca al pasar,
con alma que busca y encierra

a un cuerpo en cada lugar;
tú eres el aura que auxilia
a esas almas allí donde están.

El mar y el desierto se juntan,
te alaban y honran tu nombre;
en playas paredes de piedra,
se escuchan canciones y loas;
en montañas y valles retumban
los ecos y cantos de amor.

María Auxiliadora,
la tierra se conmueve,
el mar se detiene
al paso y al encanto
de tu imagen y tu manto
que cubren y protegen.

Celeste azul del cielo
tu manto como un velo,
tu túnica rosada
aurora de los tiempos,
presencia bien amada
que calmas a los vientos.

María Auxiliadora,
que fuiste coronada
por dulces querubines,
y hoy reinas en la tierra,
reinado del amor
que atiende al corazón.

Abogas y defiendes
a pobres e indefensos,
que buscan en tu amor
la paz que da el perdón,
por eso intercedes
y alegas redención.

Consuelas y levantas

de angustias y tristezas
las almas invadidas
de fuerzas y presión,
que buscan alejarlas
de tu liberación.

Auxilias y proteges
las almas afligidas,
que frágiles y débiles
cayeron sin saber
que hay alguien que las cuida
y no las deja caer.

La madre está atenta
se debe obedecer,
seguir a su presencia
tomados de la mano
y guiando nuestros pasos
a nuestro rey.

La Reina y la señora
de toda la creación
domina tierra y mares
y a todos con su luz
domina y protege
a todo Santa Cruz.

María Auxiliadora,
mi alma rememora
recuerdos y presencias,
pasado y presente,
el gozo de la gente,
el triunfo del amor.

El rescate

Las nubes transitaban el cielo,
gránulos de arena repiqueteaban el suelo,
entre cerros y montañas
los pedazos de desierto.

Con el canto de los vientos,
con su aroma y su aliento,
caminaba en silencio
un enviado, con su alma y con su cuerpo.

Venía con la orden y el empeño,
con la fuerza que caía del cielo,
alimento de espíritu y materia
a cumplir con la causa y el anhelo.

A rescatar a las almas,
de la duda, el miedo y la ignorancia,
para volver a nacer y ser nuevos
como el día en cada amanecer.

El misionero llegaba
con Dios y la cruz como elemento,
mostrando los divinos sacramentos
a todos por quienes él luchaba.

El verbo, alimento de la fe
de todos y cada criatura,
y letras de sagradas escrituras
que llenan de gloria y de saber.

Despacio y en un mundo sin el tiempo
a los seres se los fue convirtiendo.
El rescate iba llegando
y las almas nuevas nacían.

El desierto floreció,
cada alma fue una flor;

con la aridez y la tierra
se fecundó el corazón.

El milagro fue cumplido,
el cielo sembró y cosechó,
el espíritu por siempre quedó
iluminando tierras y almas.

Todo en el sur fue una calma,
aún con el viento roncando
los hombres se fueron quedando
con la fuerza del Espíritu Santo.

El cielo y la tierra por fin
lograron armonizar,
para poder alabar
al Dios que los liberó.

La duda fue un recuerdo
de tiempos que ya no están,
el miedo se fue con el viento
hoy reina la fe y el pan.

Todos conocen a Dios,
destino de amor y paz,
adonde queremos llegar
por los senderos de amor.

Y reparar la traición
y regresar a la casa
para poder disfrutar
y allí podernos quedar.

Para ello aquí está
el rescate de las almas,
la tarea y la misión
para un mundo con amor.

Cada perla es un farol

Tinieblas en la tierra
recorren sin cesar,
en tormentas y la guerra
es difícil caminar.

Sin embargo, lucecitas
se filtran al pasar
y se quedan suspendidas
ocupando su lugar.

Son las luces de María
que transita sin parar
con senderos en la tierra,
con estelas en la mar.

Madre, dueña y señora
dominio y presencia es ahora
de infinitos espacios
y eternos tiempos.

Zafiros reflejos del cielo
alumbran y marcan senderos,
diamantes, colores de luz,
derraman calor y salud.

El verde de la esperanza
titila y marca terreno,
el espacio de la esmeralda
ilumina lo propio y ajeno.

Rubíes color de la sangre
que cura, alumbra y redime
y envía rayos de amor
a lo burdo y lo sublime.

Ahí están perlas y gemas
coloreando el universo,

desde el cielo y en corona
de quien es reina y señora.

Son las luces de María
que iluminan y encandilan,
que en la tierra son faroles,
son las guías de perdidos corazones.

Cada piedra es una flor
que embellece el corazón,
que ilumina los caminos
de la oscura humanidad.

Sus reflejos barren tinieblas,
los aromas alimentan las almas
con las luces de colores
que decoran y que calman.

Eres el faro que del cielo
iluminas los terrenos
y desciendes y nos guías
y nos muestras el destino.

Cada perla es un farol,
el que alumbra las parcelas,
que nos llena y nos libera
de las sombras y la niebla.

La corona de María
es la fuente de energía,
la que marca su poder,
la que manda con su Rey.

Con esas piedras preciosas
atiende a su Reino
que es celeste, que es eterno,
sin espacio y sin tiempo.

Cada piedra es una luz
con sus rayos y reflejos,

las que llegan y que inundan
a la tierra y al océano.

Y por todo el universo,
enredando sus senderos,
en los montes desde el cielo
nos protege con su anhelo.

En los mares, en montañas,
con sus valles y desiertos,
o en las selvas y en sabanas,
es la aurora de la tierra y del tiempo.

Con el oro y su corona,
con su manto y su aliento,
con sus pies inmaculados
deja marcas, las señales del momento.

Son sus luces las que indican
las que guían, las que alumbran,
las que hacen la penumbra
esperanza de lo humano y su alimento.

Son los faros,
los faroles del terreno,
cada piedra es una luz
que refleja desde el cielo.

Cada perla es un farol
un milagro, una flor,
todas juntas son corona
de la Reina y la señora.

Hermosas criaturas

En el cielo son las águilas
las que gozan de la luz,
en oriente y occidente,
desde el norte hasta el sur,
con la marca de la cruz.

En el mar son los delfines
los que alumbran a las aguas
con sus voces y piruetas
entre juegos y sonrisas
con las olas y las brisas.

En la tierra son los ciervos
los que danzan sin cesar
en montañas y praderas
al compás de suaves notas
con el ruido de los vientos.

Todos sufren, todos gozan
en su propia dimensión
y disfrutan de sus vidas
y padecen el dolor,
son el fruto del amor.

Son la obra del creador
de la vida y la belleza
en el aire, en el agua,
con aromas de pureza
y en la tierra la grandeza.

Son el fruto del amor,
son de origen celestial,
son los bellos animales
que comparten inocentes
a los bienes terrenales.

El pastor y un rebaño

Cuidar un rebaño
es un digno trabajo,
es paz, es paciencia
la mejor experiencia.

Cada oveja una flor
a la que hay que cuidar,
su belleza admirar
y su voz escuchar.

Los lobos y leones
rodean y acechan,
pastores y peones
con fuego los echan.

Y si un día el rebaño
se lastima y agrede,
el pastor con sus armas
a nada le teme.

En el campo, al cielo
se lo ve, se lo tiene,
y se invoca a Dios
que siempre contiene.

Es la sombra de Dios
las armas del pastor,
que en quebradas y barrancos
reagrupa al rebaño.

En colinas escarpadas
o montañas empinadas,
entre arroyos y chorrillos,
cada oveja su objetivo.

Y si es una la desviada,
deja todo por su amor.
Rescatar las extraviadas
es tarea del pastor.

Las voces del cielo

Los ángeles cantan,
el cielo retumba,
la tierra se inunda
de hilos de luz.

Canciones y loas,
el loor de los coros,
sonidos y tonos,
palabras y voz.

El verbo divino
que hizo la luz,
el cielo, la tierra,
la vida y virtud.

Todo está aquí
en música y voces,
al son de los dones
que habitan el alma.

Y cantan los tronos,
alaban a Dios,
con ecos al mundo
que escucha su voz.

Escuchan al cielo
canción de alabanza,
que es la esperanza
del hombre a su rey.

La tierra contesta
en voces humanas,
cantan y oran
con versos y loas.

Loas a María Auxiliadora II

La humanidad caminaba errante y sin rumbo,
miraba al cielo, buscaba el destino,
encontrar el paraíso, salir de este mundo.
Su mente cargada de odio y rencor
cerraba el camino con muerte y dolor,
litigios y guerras, codicia y temor,
cargados de ira, de fuerza y pavor,
marchaban al frente sin fe y sin amor.
Venían tristezas, angustias, reclamos,
cuerpos mutilados, ríos de sangre,
la tierra sangraba herida y cortada,
el cielo lloraba de bronca y clamor,
el viento gritaba, buscaba el alivio, pedía perdón.
Los hombres errantes creían estar
en ciertos caminos de gloria y de triunfo,
humillados los vencidos en los campos muy profundos,
en la historia se quedaron
los esclavos de este mundo.
Pero un día el alivio llegó,
porque en tiempos medievales, entre musgos y cardales,
el hombre gritó y al cielo exclamó pidiendo el auxilio,
como un niño atormentado en la noche de tormenta
a su madre recurrió entre llantos y sollozos,
y mamá siempre atenta a sus hijos amorosos,
escuchó y saltó de su lecho celestial,
y corrió para ayudar a sus pequeños inconscientes
y a ese llamado resiente y quedarse para siempre
en imagen y presencia, con su fuerza y su luz
corazón inmaculado, con el fuego y la esencia de la madre de Jesús.
Y cumplió con su misión, auxiliar a sus hijitos
bandoleros, desobedientes, que traicionan a la gente
sin saber que son hermanos, sin saber que son parientes,
porque tienen la misma madre que del cielo nos vigila,
ella es virgen, ella es pura y derrama la dulzura
desde el cielo, de la altura; ella es santa, es divina
por la gracia la elegida y nos cuida sin bandera
en la tierra, con la guerra, entre rayos y los truenos

en las selvas con las fieras, con el hambre, con la nieve,
en la soledad con angustias y tristezas;
en el mar es el faro que nos guía, es la brisa que nos lleva.
Por todo esto te llamaron auxiliadora,
porque auxilias cuando calmas los dolores,
cuando curas al enfermo y levantas depresivos
con el gozo y la alegría de tu presencia salvadora.
Somos tus hijos por divina decisión,
los vasallos de tu reino por voluntad y acción,
por ello nos socorres cuando hay necesidad;
somos dependientes, somos hijos de verdad,
nos acunas por las noches cuando el sueño se nos va,
nos cobijas con tu manto que es el manto celestial.
Acaricias con tus manos nuestros cabellos impuros,
purificas nuestra alma, nuestro cuerpo con tu luz,
la que irradias de tus ojos, de tus pies y tu corona
que rebalsa e ilumina liberando las personas.
Hoy el mundo te aclama y te adora;
eres la virgen, la madre, la reina y la señora
la que escucha, la que acude, la que cura, la que salva,
y por ello te llaman María Auxiliadora.
Intercedes y alegas redención,
nos consuelas si lloramos como niños con dolor,
nos proteges del maligno al que enfrentas sin piedad
y lo atacas con tus pies con pureza celestial.
A los pies de la cruz resististe hasta el final,
a Jesús Sacramentado lo adoraste sin cesar
y por fin partiste tú al paraíso celestial.
Como madre y como reina de este mundo terrenal,
con los ángeles del cielo hoy atiendes con bondad
la creación de todo, tierra, firmamento y la errante humanidad.
Ruega por nosotros, se repite con fervor,
por tu infinito amor, por tu entrega y tu pasión,
porque junto al redentor intercedes y propones
los pedidos, los auxilios y la paz que da el perdón.
Hoy auxilias sin parar en la guerra y en la paz,
en el odio y el amor, en el triunfo y la derrota,
con pecados y miserias todos piden redención,
todos piden alimentos para el alma y el corazón,
para ello aquí estas con socorro y consejo,

con tu luz y tu presencia, con auxilio y consuelo.
María Auxiliadora, todos gritan, todos oran,
todos siembran con el verbo y cosechan en su hora.
María Auxiliadora, gritaban los soldados
en los campos de batalla con miedo y esperanza.
María Auxiliadora, repiten los labriegos
que buscan las espigas cargadas de alimentos.
María Auxiliadora, entonan viñadores
que buscan en los frutos el jugo del amor.
María Auxiliadora, cantaban los obreros
que piden dignidad, que piden trabajar.
María Auxiliadora, susurran los enfermos
pidiendo en silencio salud y libertad.
María Auxiliadora, recitan payadores
que envían con sus versos canciones de alabanza.
María Auxiliadora, rogaban los marinos
que piden aguas calmas y brisas en el mar.
María Auxiliadora, decía el estudiante
que pide inteligencia, que cree en la razón.
María Auxiliadora, clamaba el arriero
al descanso del rebaño en los ríos y montañas.
María Auxiliadora, oraba el misionero,
reclamo desde el cielo de fuerza y de don.
María Auxiliadora, coreaban pescadores
llamando en lontananza, cosecha en abundancia.
María Auxiliadora, rezaba el peregrino
llevando con sus pasos la fe por los caminos.
María Auxiliadora, escribía el poeta
tratando con sus letras de agradar al cielo y a su reina.
María Auxiliadora, pensaba el alpinista
trepando a la casa, pidiendo una entrevista.
María Auxiliadora, repiten tu nombre
en oscuros cañadones, y transitan con los vientos,
son los ecos, son las loas de los fríos corazones
a quien es su salvadora.

Mirando lo invisible

Todo es posible,
nada es absurdo,
mirar lo profundo,
ver lo invisible.

Salir de este mundo,
dejar a lo burdo,
vivir lo sutil
al fuego sentir.

La luz en el cielo
baja y te inunda,
blanca y divina,
te baña y te limpia.

El alma que vuela,
la mente despierta,
el cuerpo alerta,
espíritu celeste.

En tierras agrestes
florece el jardín,
se siente el latir
campanas del cielo.

Miremos a Dios,
él siempre está,
presencia que es,
imagen que ves.

Él es el todo,
él es el ser,
es el eterno,
todo lo ve.

Él aquí está,
él no se va,
él no abandona
siempre perdona.

Él está dentro
en el corazón,
es interior,
él es amor.

Todo bondad,
todo piedad,
nada de mal
siempre triunfal.

Causa de amor

El soplo de Dios
activó el corazón,
por causa de amor
nos dio la razón.

Ojos y voz,
gozo y placer,
carismas y dones
por causa de amor.

Por causa de amor,
su imagen nos dio
el verbo y la luz,
estrellas y sol.

Nos dio el Edén
por causa de amor
y fue la traición
razón de expulsión.

Caída en el polvo,
calor y dolor,
por causa de amor
envió al redentor.

Con sangre y sudor
nos redimió
y nos rescató
por causa de amor.

Crecer y volar

Soy un hombre
y quiero volar,
el cielo alcanzar,
sentir a la gloria,
mas no puede ser,
no puedo llegar,
murallas y fosos
me atrapan acá.

Las armas las tengo,
las quiero usar,
librar mi batalla
y luego triunfar;
llegar a la meta,
poder dominar
materias y acciones
y luego volar.

Trepar por las nubes
con lazos de luz;
praderas del cielo,
alfombras sagradas;
allí caminar,
buscar a Dios,
llegar a la gloria,
gozar la victoria.

Yo quiero volar,
vencer a la ley,
vencer la materia,
mi cuerpo elevar,
cual ángel surcar
los campos de Dios,
sentir a su aroma
y coros de loor.

Yo debo crecer,
sacar a los dones,

saltear los obstáculos,
luchar y vencer,
con los corazones
empezar a mirar
para poder adorar
con júbilo y gloria.
Mi mente despierta
mi alma abierta,
del cielo descienden
señales alertas,
mi cuerpo liviano
se eleva y se acerca
a lejanos umbrales
de luces y esencias.

Crecer y volar
son pasos eternos,
caminos sin tiempo,
senderos del cielo,
a Dios alcanzar,
sentir su presencia,
sentir a su aliento,
su soplo y su viento.

La llama de Dios

Hay una llama,
quiero alumbrar,
ella es el fuego
del corazón.

Ella está ahí,
hay que avivarla,
fuego de amor,
parte de Dios.

Es mi interior,
debo explorar,
al fondo llegar,
la llama activar.

La luz y el calor,
lo siento y lo veo,
lo quiero alcanzar
y luego expandir.

Camino de fuego,
sendero de luz,
pureza y verdad
en mi intimidad.

Abrirme a Dios,
dejarlo entrar,
hacerlo mi esencia,
hacerlo verdad.

Llegar a su casa,
su suelo pisar,
mirar a su rostro,
sentir a su aroma.

Cual blanca paloma,
reflejo de luz,
volver a la tierra
con gloria y virtud.

Necesidad de perdonar

Pedirte perdón,
ese es mi afán,
para aliviar
mi alma perdida.

Reconciliar
es mi misión,
camino de amor
por donde yo voy.

Están los obstáculos,
espinas y piedras,
los quiero sortear,
tengo que luchar.

Pedir el auxilio,
vivir el martirio,
mi mente limpiar,
sentir el alivio.

Para poder expresar
con palabras sinceras
sentimientos y maneras
de volver a empezar.

Terminar con las ofensas,
con los odios y dolencias,
elegir al amor,
a la paz que da el perdón.

Recuperar al hermano
en sentimiento fraterno,
aliviar al corazón,
con sincera confesión.

Loas a María Auxiliadora III

Ser universal, divina decisión
terrena y celestial, ambientes de tu acción,
dominas grandes centros,
dominas los confines,
tú eres la presencia,
la esencia salvadora
y eres auxiliadora
de seres criaturas,
hermosas esculturas
que adornan nuestro mundo.

Por ello te dibujas
y eres como un reflejo
en azules manantiales
con praderas y animales
decorando al espejo,
el que muestra tu imagen
a la tierra y al agua
de sus hondas entrañas
en resecas estepas
y amarillos desiertos.

María Auxiliadora,
embriagas con tu aroma
los valles y montañas
y pintas las riberas
de verdes y de flores
y mezclas los colores
del río y de la luz
que bajan desde el cielo
caminan y me alumbran
y no dejan penumbra.

Navego por los mares
buscando amistades,
feroces tiburones,
delfines juguetones;
me elevo por los aires

en barcas y con globos,
y bajo los telones
buscando alumbrarme,
convivo con halcones
del cielo y sus regiones.

Mi vida en este mundo
se mueve con el rumbo
marcado por tu luz
en rutas y senderos
de cerros y faldeos
que bajan y que suben
siguiendo las señales,
profundos manantiales,
mirada clara y limpia,
cristales de la tierra.

Mi vida es un desierto
hambriento y sediento,
buscando el alimento
camino por el tiempo,
y encuentro tu presencia,
tu imagen y paisaje,
y eres el oasis
el agua, las palmeras,
la vida que regresa,
tu luz que me libera.

Y vuelvo a la tierra
buscando madrigueras,
montañas y desiertos,
en ríos y riberas;
los valles y las sierras
surcadas por los bichos
con cuevas y con nidos
hogares preferidos
de zorros y avestruces.

Y sigo mi camino
siguiendo tu sendero

y entro en una selva
que atrapa y que encierra,
peligros y vivencias
y extrañas experiencias,
respiro aires raros
de brisas y sustancias,
aliento de las fieras
que advierten mi presencia.

Te llamo y te busco
en luces y reflejos
que filtran por las hojas
y llegan a mis ojos;
ahí está tu aura,
reflejo de tu manto
que viene en mi auxilio,
que viene a llevarme,
que viene a quedarse
conmigo en el camino.

Criaturas de Dios,
vasallos de ti, Reina de lo creado,
en este mundo salvaje
la tierra y su paisaje
te alaba y te siente,
te recibe y te disfruta,
un altar, una gruta,
que en los campos se levantan
es el punto de reunión,
el recinto donde orar
y a María alabar.

Yo soy el peregrino
que busca su destino,
que salva los peligros
por fe y por pedido
en súplica y plegaria,
buscando el alivio,
la gloria y la esperanza
de ti santa madre,

que abrazas y que alcanzas
con manos y con luz.

Te veo en una chispa,
el sol o en una estrella,
en rayos y centellas,
en fuegos de tormentas,
en las flores silvestres
margaritas y magnolias
que son luces de prehistoria,
tan presente, tan eterna
en la alfombra universal,
con los lirios y las rosas,
con violetas, flores rojas
de los cactus que denotan
tu esencia celestial,
sin espinas, sin los cardos,
ni los ásperos mogotes,
todo es suave, todo es puro,
se convierte en tu morada
como un pueblo angelical.

Del cielo despejado
responde a mi llamado
y en los picos nevados
se muestra omnipresente
y baja deslizada
por blancos ventisqueros,
navega con los hielos,
por lagos bien helados,
muy blanca y muy pura
expande su dulzura.

María Auxiliadora, que habitas en los montes
y guías mis salidas
con marcas de tus pies
en suaves blancas dunas
que son mi guía segura
a las grandes lagunas
para calmar la sed

y alimentar mi alma,
para alegrar mi mente,
para mi cuerpo aplacar.

Siempre ahí estás,
María Auxiliadora,
eres mi gloria
siempre victoria,
en los bosques y desiertos,
en volcanes y glaciares,
en pinares y cavernas,
con el ruido de las olas,
las que gastan a las rocas
y que forman las arenas.

Y transitas las llanuras
con el aura de tu manto
y atraviesas los pantanos
sin hundirte con tus pasos,
siempre alegre y victoriosa
con la luz de las estrellas;
sos el sol que nos alumbra,
sos el faro que nos guía
en las playas y en sabanas,
en quebradas y praderas.

Cuando me pierdo en la meseta
buscando un arroyo, una aguada
de fríos molinos de viento,
te busco y siempre te encuentro,
te imploro en cada momento
y encuentro las aguas muy puras
frescas y limpias de adentro;
me auxilias y me cuidas
y me arrastras como un guía
devolviendo la alegría.

Si me caigo de barrancas
o trepando acantilados,

tú me auxilias y levantas
y me salvas y me calmas;
si me ahogo en arenales
y me enredo en matorrales,
me consuelas y me ayudas
a encontrar una salida
y me salvas de la trampa
y me vuelves al camino.

Cuando herido y perdido
en profundos cañadones
con los astros como flores
que iluminan los caminos,
en el cielo y en la tierra
tú nos cuidas y nos cubres
con estrellas y corona
que en el cielo son las islas,
tus estrellas y tus soles
de perdidos corazones.

Y decoran tus paisajes
coloridos animales,
blancos cisnes, los faisanes,
los flamencos y zorzales
que se bañan y refrescan
en azules manantiales;
los colores de tu manto,
de tu túnica rosada,
se reflejan en sus plumas
que es el manto de las aves.

Avutardas y los patos,
navegantes de lagunas
con los topos y los cuises
habitantes de las dunas,
los jilgueros y los teros,
ellos cantan de alegría
y la alaban a María
con su música y su voz
en aguadas y praderas,

en bahías y laderas.

El canto del ruiseñor
retumba en los campos
y se mezcla con los vientos,
juntos son los coros
de gloria y alabanza
que a María Auxiliadora
la honran en lontananza,
con glorias y bendiciones,
en gracias y peticiones,
a la madre fruto de amor.

María Auxiliadora,
te honran los paisajes
de tierras y de cielo,
imagen de belleza
que alaban tu pureza;
te alaban animales
con cantos y rugidos
de noche y de día,
con fe y con confianza
en dulces melodías.

Como los lirios y los pájaros

Si los lirios vistosos y fuertes
florecen en las arenas,
eso es que hay manera
de vivir en el desierto.
Los pájaros del cielo,
sin paredes y sin techos,
se alimentan y protegen
solos y en silencio
con la ayuda invisible
del que crea y no abandona.
En terrenos resecos
con los cielos abiertos,
no es posible la sombra,
sólo se siente el concierto
de grandes orquestas de viento.
Me quito las sandalias,
transito las alfombras
con ruegos y plegarias
a un cielo que me asombra,
me guía y me cobija.
La tierra me arremete
con rocas y asperezas
y el cielo me protege
con voces y caricias
de aires y areniscas.
Yo quiero, yo puedo
florecer en el desierto,
embellecer mi alma
con colores y con aromas
que vienen del cielo.

Sin aridez, sin indiferencia

El campo está vacío,
la ciudad, superpoblada;
en uno, la aridez,
en otro, la indiferencia,
y yo con mi presencia.
Con mis armas y dolencias
enfrento la situación:
encontrar lo que no veo
con los ojos del corazón.
Si el mundo se ve feo
lo debo embellecer,
y no dejarme correr
por seres y por alimañas.
Amarrarme a mis dones,
a mi fe, fuerza y pasión,
al poder de advocación
que legaron en mi pasado
nuestros padres y patriarcas.
No hay excusas que poner
para el camino de regreso,
se hace largo el proceso,
es difícil y sinuoso,
maravillosa la llegada.
En el campo entre las hierbas,
en la ciudad superpoblada,
cosechando en el desierto,
con la fuerza del aliento
que del cielo se descarga.

Nuestra alianza

Envuelto en nubes de tormenta,
revolcado entre húmedas tinieblas,
mi alma y su mísera osamenta
buscaba tierra firme y segura.

Aquietar impulsos y deseos,
detenerse y detener la marcha,
apagar los ruidos y devaneos,
calmar las vibraciones y escarceos.

Por ello empecé a pensar,
a buscar la solución
para llegar a encontrar,
recuperar la esperanza.

La paz y el silencio están ahí,
sólo hay que descubrir,
atraparlos y adquirir
y curar por sus acciones.

Recuperé la confianza
y hablé con el cielo,
que con humildes palabras
le ofrecí un acuerdo.

Defender al silencio,
no alejarme del suelo,
no perderé la confianza,
esa será nuestra alianza.

Visiones nocturnas

Una noche muy clara, muy limpia
con los faroles del cielo encendidos,
sin sueño y entretenido,
me deleitaba de tanta belleza.

Cada astro es un faro
en las oscuras aguas del cielo,
y navegando el océano,
pequeñas balsas se mueven.

¿Qué se mueve en el espacio?
¿son las naves de Dios que transitan,
que transportan la vida celestial,
o son mensajes que bajan al mundo terrenal?

Sin duda era una visión,
un saludo venido de Dios,
un aviso, mírame, aquí estoy,
ven a mí, que yo voy.

Ya no sólo veía: escuchaba, sentía,
mi alma gozaba, mi mente vacía,
era todo tuyo, quería llegar
y que en una balsa me viniera a buscar.

La noche cerrada me esclavizaba,
visiones y sentimientos me liberaban,
sentimientos divinos que se caían
y a mis ojos entraban.

Viajar en el cielo de noche estrellado
en balsas de oro en que transitaban,
los seres del cielo que a Dios ayudaban,
meterme con ellos y ser hospedado.

Pasajero terreno en balsa dorada,
amigo de Dios, peregrino del cielo.

Aurora de la vida

Al principio fue el caos,
la nada en abundancia,
la tierra y el agua eran fango,
el aire y el fuego secaban,
fundían las piedras, hacían montañas
entre valles y ríos de lava.
Con rocas y acantilados
en vientos huracanados,
corrían fuerzas siniestras
calores húmedos y vahos;
no había vida en la tierra,
al principio reinaba el caos.
Hasta que una voz todo lo ordenó;
el cielo habló y el orden llegó,
la vida fue posible,
la luz, la claridad,
los colores, la bondad,
todo fruto del amor
y del verbo celestial.
Es la aurora de la vida,
la palabra de Dios,
la voz que se escucha
en todo lugar, que retumba
con los ecos, que transita los desiertos,
en los montes y en los mares,
en los lagos y glaciares,
en los campos y ciudades,
es la voz que susurra,
que mantiene a las almas,
que alimenta a los seres,
que da forma a los cuerpos.
Es música del cielo,
como un soplo muy suave,
como una brisa muy tenue,
transita la tierra,
apaga las llamas,
activa las brasas,
atiende el llamado

de seres que cantan,
alaban su voz,
encanto del cielo,
aurora de la vida,
inicio del tiempo
arcaico y antiguo;
tú fuiste el primero,
el que habló y cosechó
y por siempre quedó
infinito y eterno,
el autor, el creador
del amor, la belleza
en un mundo con flores,
con pureza y con canto,
alabanzas y glorias
y las gracias debidas
a la aurora de la vida.

Loas a María Auxiliadora IV

Recorriendo los centros urbanos,
deambulando en las noches de verano,
buscando un trabajo, una casa,
el refugio donde morar,
es frecuente encontrar
la presencia salvadora
de quien es auxiliadora
en las horas de dolor,
de angustia y de soledad,
de la falta de verdad,
porque es triste quedar
a la banquina de la ruta;
te sacaron, te expulsaron,
en el camino quedaste
y no puedes levantarte
sin la ayuda y la mano
de un ser que ama y ama.

Por la gracia infinita de Dios,
siempre estás, siempre hay
una casa donde orar
en capillas, en parroquias,
inundas los altares
y las almas doloridas,
que en los cuerpos derrotados,
de rodillas entregados,
con plegarias y pedidos,
te reclaman y te piden
que intervengas en sus vidas.

La vida en las ciudades
es pesada por la carga;
el cemento, el asfalto
y las luces de cobalto
endurecen al hermano
y le tapan el cielo,
le provocan el desvelo,
le vacían su interior,

todo es materia, todo dinero,
se aleja el amor
en el mundo del acero.

Y adorada en los altares,
te veneran catedrales,
monumentos y ciudades
movilizan a su gente
y se hacen peregrinos
en tu nombre y por tu amor,
y recorren avenidas
en las grutas y basílicas
con la fe como estandarte,
todos van para quedarse
como pueblo peregrino,
con tu luz para llenarse,
aunque sea un instante,
porque te saben eterna
por tu divina presencia,
y en las grandes capitales
de este mundo terrenal,
saben todos de tu fuerza,
tu poder celestial,
y te alaban y te honran
y te hacen protectora,
y te dicen la patrona
de esos pueblos y ciudades,
donde gente amontonada
busca su identidad
con su espíritu y su mente,
con temor y vocación,
con tu ayuda y protección,
das coraje y redención.

Una basílica es tu casa,
pero habitas las ciudades
enteras y particulares;
cada ser, cada hogar,
se convierte en tu lugar,
tu objetivo a salvar

por pedido y voluntad
de tus hijos urbanos,
que en los ambientes mundanos
se mezcla el odio y amor,
la violencia y la paz,
y ellos tratan de escapar.

Las parroquias son refugios
de esas guerras y batallas
que libran en la tierra
los hombres con su ego,
con soberbia y codicia,
con veneno y avaricia.
Y así, ante los altares
de mármoles y oro,
los hijos atormentados
al Jesús sacramentado
entregan todo su ser,
se preparan para ver
con los ojos de María,
con pureza y alegría,
el gran cambio de la vida,
conversión, renovación
con carisma y con don.

Aquí está María Auxiliadora
en espíritu y persona,
en los pueblos y ciudades
con majestuosos altares
o en los humildes lugares
en capillas y parroquias
en escondidos hogares
de inmensas capitales.

Sólo una estrella

Buscar a Dios es ir a lo profundo,
es buscar la luz en el mundo,
donde las tinieblas arremeten,
invaden y se filtran
como las aguas subterráneas
buscando una salida,
ellas van ocupando terreno, dominando
lo propio y ajeno,
en aguas espesas, con aires muy densos,
en sitios propensos para dormir y morir,
donde pesadas y oscuras
mantas te envuelven,
te vendan los ojos
y no puedes ver.
Estoy atrapado en la aridez,
apenas distingo una estrella,
es un punto
el consuelo de una vez
de recuperar la esperanza,
de volver a ver,
liberarme del manto
y dejar las arenas,
de pisar la pradera
y ser fértil de fe,
respirar aires puros,
ver la luz otra vez.
Pero estoy caído,
sólo me queda esa estrella,
ella es mi reserva,
ella es mi luz
que me guía y me mantiene
en el mismo camino,
perdido, vacío,
pero sabiendo que saldré,
dejaré las tinieblas,
cortaré las cadenas,
saltaré las murallas,
romperé los barrotes
y al final triunfaré.

El martirio del pastor

La tarea del pastor
es cuidar y apacentar,
es el fruto del amor
para guiar y alimentar.
Es tan grande su amor
por su grupo y su rebaño,
que camina por los años
y da la vida sin rencor.
Y se enfrenta al cuatrero
que es ladrón aventurero,
y se bate con las bestias
cuando atacan sus ovejas.
Y si éstas se rebelan
y se escapan por los campos,
él las busca y recupera
y las vuelve al rebaño
sin rencores y sin daños.
Todas juntas se protegen,
él vigila con recelo,
entre valles y montañas,
en aguadas muy atento.
Si se muere el pastor,
se dispersa el rebaño
y se muere de amor,
defendiendo a sus ovejas.
No reclama ni se queja,
busca el agua, tiernas hierbas,
y se enfrenta al peligro;
es su lucha, su martirio.

Las razones del alma

¿Cuál es la razón de mirar al cielo?
¿Por qué me conmuevo con el llanto de un niño?
Paisajes terrenos, montañas, rocíos,
aurora rosada, sonidos de ríos,
canciones de aves y fuertes rugidos,
palabras de aliento en rueda de amigos,
palabras de amor y fuertes suspiros,
final de la noche, comienzo del día,
aspiro aire puro, aspiro alegría,
y en estos parajes de paz y de vida,
habitan los hombres, la obra divina,
levantan estancias con granjas vecinas
haciendo senderos, haciendo las guías,
uniendo los hitos, paradas secretas
de los peregrinos que buscan la recta
que va hacia el puente que eleva y que lleva
a otros rincones de extrañas visiones.
¿Cuál es la razón de tanta visión?
¿Qué busco, qué encuentro en esta ocasión?
No veo, no entiendo qué causa mi anhelo;
no tiene sentido, parece invisible,
recito oraciones, cantos de alabanza,
apelo a la esperanza y a la gloria de saber,
de algún día poder ver, sentir y convivir
al autor y al creador de la genial obra de amor.
Mi respuesta está en el alma,
mi oración es un clamor a los seres celestiales
que se ven en los paisajes y los seres terrenales.
Las razones son del alma, que convive con el cielo,
y algún día el anhelo será pura realidad.

Porque he pecado

Perdón Señor, porque he pecado,
porque vivo apartado
de tu Reino de amor
y no correspondo a mi corazón.
Tantas veces me llamaste,
y yo no acudí;
porque me buscabas,
y yo escapaba;
que me mirabas advertí,
y mi mirada desvié;
tus manos extendiste,
y tendidas las dejé;
quisiste abrazarme,
y yo me alejé;
te jugaste por mí,
y yo te abandoné;
me hablaste,
y te dejé solo;
venías hacia mí,
y yo te esquivé;
mil veces te desplanté
y tú siempre estás
esperando con paciencia
mi llegada, mi regreso,
yo lo intento y no puedo,
prometo y prometo
pero no llego,
siempre abandono,
dejo y desecho,
nunca aprovecho
tu amor infinito.
Si cuando te agraviaron,
yo no acudí;
se rieron y burlaron,
y no te defendí;
hablaron mal de ti,
y yo callé;
por vergüenza y cobardía,

en silencio te negué;
por ignorancia e indiferencia,
fui parte de la turba
que te ofende y te condena,
la que agrava tu pena
y aumenta tu dolor.
Soy débil, Señor,
estoy lejos del cielo,
sólo tengo el anhelo,
es tenue mi fe.
Soy tibio, Señor,
no soy digno de ti,
aunque de niño aprendí
tu amor y misericordia,
te conozco y te vi,
pero me cuesta seguir
tu camino y tu ley,
tus senderos de luz,
tu vida y verdad,
la vida en la cruz.
Porque soy pecador,
porque dudo y tengo temor,
se me escurre el amor
de una vida entregada,
de tu vida divina
que triunfó en la batalla
y venció a la muerte
y salvó nuestras almas.
Perdón, Señor, perdón,
te pido piedad
¡OH! Rey de bondad,
quiero ser fuerte,
ser tu soldado
para defenderte.
Perdón, Señor, porque te ofendí
con mi alma,
en la mente,
con el cuerpo,
con miradas frías y duras,
con palabras y verbos,

con acciones y hechos,
lastimé tu proyecto,
rechacé a tu pan,
abandoné tu banquete,
no entendí tu mensaje,
no ayudé a tus hermanos,
contrarié el plan divino
con deseos mezquinos.
Soy blando, Señor,
porque me alejé de ti,
fuente de fortaleza;
soy pobre, Señor,
porque abandoné tu Reino,
fuente de riqueza;
soy rústico, Señor,
porque renegué de ti,
fuente de belleza;
estoy enfermo, Señor,
porque dejé tu alimento,
fuente de infinita salud.
En vos confío,
pero no te merezco,
sé que eres, sé que estás y que amas,
pero no soy digno de ti.
Me creí superior,
que no necesitaba de ti,
por ello me fui,
creyendo ser Dios.
Hoy ando rendido,
sediento de amor,
de fe, de cariño,
lo único que tengo eres vos.
Pero soy pecador,
soy esclavo y adicto,
vivo perdido,
dominado por ídolos
en un suelo precario
entre seres de piedra,
todo falso y frívolo.
Perdón Señor, porque he pecado

no cumplí mi palabra,
siempre rompo el acuerdo,
siempre estoy empezando
y te voy traicionando
con errores y actos,
pensamientos hostiles,
con violencias e iras,
con ofensas directas.
Mi alma está árida,
estoy vacío por dentro,
mi mente está ida,
mi corazón confundido,
se me oscurece el espíritu.
Pero sé que estás ahí.
Y si algún día las tinieblas
dominaron mi vida,
esa estrella perdida
que dejaste sobre mí
fue mi salvación,
fue la marca de que vos
eternamente estás,
siempre atento a los hermanos
que encerrado en los corrales,
con pasiones y pecados,
los errantes e ignorantes
aferrados a esa luz
siempre vuelven a la cruz
porque es la salvación,
porque eres el amor.

Lo niega mi mente, lo ordena mi corazón

Mi corazón manda y ordena,
cumple órdenes invisibles
que de planos etéreos
activan la materia.

Mi mente no sabe, no entiende
esas órdenes que vienen
y que tienen y contienen
los mandatos del cielo.

Son dos planos diferentes
que confunden a la gente,
sin embargo obedecen
aunque gozan y padecen.

Cuando el alma se estremece
es el cielo el que conmueve,
y si el cuerpo adolece,
es la tierra que entretiene.

El corazón escucha
voces de silencio,
observa imágenes invisibles,
siente presencias extrañas.

Se deleita de aromas celestiales,
de dulces notas musicales,
todo es fresco, todo es rocío,
todo es pradera y regocijo.

El cuerpo se apega a la tierra,
su mirada es limitada
al alcance de los ojos,
apoyado en el suelo nunca se eleva.

Camina retenido por los vientos
y por ruidos,
se hunde en el barro,
arenales y pantanos.

Es difícil para el cuerpo
entender al corazón,
su poder y su razón,
sus caminos y su don.

Por ello cuando el cielo
se conecta a un hermano,
a la mente envía ideas,
al corazón, la energía.

Y no hay alternativa,
entender no es la opción,
obedecer al corazón
es la meta invisible.

Y si ello es posible,
aunque no sea entendible,
llegaremos al final
del mandato celestial.

Si la orden del corazón
lo negara mi mente,
obedecer, aún sin razón,
es la sabia decisión.

Pero hay que discernir,
para ello, los carismas
los que hay que despertar
con las armas que da Dios.

Sacramentos, oración,
penitencia y caridad,
y al señor de la bondad
los pedidos de humildad.

Es posible la armonía,
el volar y el alcanzar
con carismas y con dones
de divinos corazones.

Loas a María Auxiliadora V

Hosanna, hosanna en el cielo,
hosanna, hosanna en la tierra,
con loas, con odas,
el loor de los coros,
son ángeles todos,
humanos que gritan,
que alaban tu nombre,
sus alas agitan
y te santifican.

Alabada seas, María,
gloria, gloria a tu nombre
bendita tú seas,
que Dios se recrea
en tu santa presencia,
santa, santa tú eres;
en cada ingrediente de tu ser
podemos ver
colores del cielo,
la aurora, el lucero,
aromas de flores.

En el cielo,
los ángeles cantan,
te veneran y alaban,
en la tierra,
los hombres te dicen
en versos y prosas
los himnos de alabanza.

Te bendecimos, María,
damos gracia de alegría
por tu amor y tu vida,
te adoramos, te glorificamos
a ti madre de lo creado,
de todo sin distinción,
porque eres fruto del amor.

Gloria, gloria, gloria
a ti, santa madre,
retumban en el cielo,
entre nubes y sus cavernas,
las voces de querubines
que llenan de su dulzura,
rebalsan de su ternura
con suaves instrumentos
que acompañan a los vientos
de glorias y alabanzas.

Y con fuerza los serafines,
los guerreros y los guardianes
centinelas de las fronteras,
soldados del cielo
que cuidan y protegen
los límites dimensionales,
santifican a María
y le rinden los honores
a la reina celestial.

Es por ello que los tronos,
cual gigantes guardaespaldas,
se deleitan de alabanzas,
y le hablan y le cantan,
la abrazan y la acunan
entre plumas y blancura,
la pureza celestial,
son el asiento de Dios,
son el lecho de María,
una cuna sin igual
porque es blanca, ella es pura,
es divina la elegida.

Bendita seas, te dicen, María,
principados, potestades,
tu esencia es divina
y fue Palestina tu tierra natal,
en toda la tierra tú reinas ahora,
en el cielo tú moras

y sus seres te honran
con canciones y loas,
y sonidos musicales,
envueltos de colores
en praderas celestiales.

Fueron las dominaciones
habitantes del más puro cielo,
las que siguiendo las órdenes
del creador y su madre
la más humilde y preferida,
la llena de gracia y elegida,
que en silencio y entregada,
hizo carne el milagro,
y llevaron a María al descanso merecido,
y acompañan sus regresos
a la tierra y sus mandatos.

Mientras tanto, en la tierra,
los humanos también cantan
y le rezan y la alaban,
santa, santa, santa
eres virgen e inmaculada,
privilegiada por tu elección,
siempre escuchas, siempre das,
protectora y patrona,
tu presencia en la tierra
es presencia celestial,
es la ayuda recibida,
eres la fuerza que Dios da.

OH, virgen María,
la que auxilias y consuelas,
la que cuidas y defiendes,
la que sanas y liberas,
hosanna en el cielo, hosanna en las alturas,
hosanna en la tierra, hosanna tu nombre,
que retumbe en las ciudades,
que retumbe en las montañas
y que escuchen los confines,

que en el mundo hay una reina
que reside en el cielo
en celestes palacios
que transita con sus pasos
y que baja y que sube
atendiendo los reclamos
de sus hijos bien amados.

Alabada seas, Señora,
te alabamos, te bendecimos
con glorias, loas y odas,
cánticos y voces entre notas musicales
de instrumentos celestiales
que se juntan por amor,
el amor de María,
la reina de la creación
por divina decisión,
son los versos, las poesías,
alabanzas a María.

¡Gloria a la virgen María!
te adoramos, te glorificamos
con rezos, con oraciones
te colmamos de bendiciones,
en cada rima que expresa la voz,
mensaje que emerge desde el corazón
que sube buscando
senderos del cielo,
buscando llegar
al santo lugar,
la santa morada
del reino de amor.

Te santificamos y te honramos,
como honran los soldados
en las guardias de honor
de las viejas casas reales
a una reina perfecta,
luminosa y eterna
con palacios vigilados

por celestes soldados,
poderosos y hermosos,
por el mismo Dios enrolados.

El cielo y la tierra se juntan,
humanos y ángeles se aúnan,
todos cantan, todos gritan
loas y alabanzas,
todos dicen: gloria, gloria,
gloria a María, la reina del cielo,
auxilio y consuelo,
luminaria del mundo,
con aura, inundas de luz,
con tu manto nos cubres,
con tus pies y tu mirada
nos marcas el camino,
con tus manos y tu túnica
indicas el destino.

Alabada seas, María,
alabado sea tu nombre,
alabada sea tu luz,
gloria a ti, madre de Jesús,
gloria a ti porque te entregaste
y fuiste esclava de la divina voluntad.
Hoy los ángeles que te cuidan y vigilan
con los santos que comparten tu morada
te honran y te alaban en el cielo,
y los hombres fieles al divino misterio
te reclaman y te aclaman,
te invocan y te rezan
y sueñan con llegar a verte y a alcanzar
el cielo y su gozo
y ser uno más de la morada celestial.

Estamos en asamblea

La asamblea es el lugar
de debate y de reunión,
para vivir en comunión
con angustias y nostalgias,
con errores e imprudencias,
con pecados y dolencias,
pero amando sin cesar.

Somos ovejas descarriadas,
cada uno está perdido
y tenerlo asumido
es comienzo del final.

Sólo en asamblea
lograremos doblegar
a ese mal que nos aqueja
y nos deja abandonar.

Busquemos esa ayuda necesaria,
la humildad es la virtud,
el escenario de la luz
que levantará las tinieblas,
el recipiente de las aguas
que lavará nuestras impurezas,
el aliento del cielo
que calmará los dolores.

La asamblea es el lugar
para escuchar y pensar
al gentil buen hermano
que nos quiere ayudar,
para decir y expresar
nuestros pecados y males,
para poder liberar
nuestra alma abatida,
para sanar nuestro espíritu
gris y resentido
y volverlo luminoso
en el final muy glorioso.

Hablemos, contemos
nuestra vida miserable,
confesemos al Señor
del amor incomparable,
aguardemos el perdón,
aunque sea difícil
el camino a seguir,
en el grupo de oración
encontramos el amor.

Lo que surge del lugar,
dos o tres y alguno más,
ahí siempre estará
la luz de la concordia
y la misericordia
que nunca dejará.

Estamos en asamblea,
por siempre que así sea
y estaremos seguros,
liberando, limpiando,
siempre luchando
y el triunfo alcanzando.

El oráculo de los hombres

SEÑOR:
quiero escucharte,
sé que me hablas,
pero no puedo...
quiero sentirte,
sé que estás ahí,
pero no puedo...
quiero ayudarte,
sé que me necesitas,
pero no puedo...
quiero verte,
sé que me miras,
pero no puedo...
quiero obedecerte,
sé que me llamas,
pero no puedo...
quiero seguirte,
sé que pasas ante mí,
pero no puedo...
quiero hablarte,
sé que me escuchas,
pero no puedo...
quiero tocarte,
sé que tus manos están tendidas hacia mí,
pero no puedo...
no puedo, no puedo,
siempre me enredo
en mis propios tentáculos,
los siniestros oráculos
de los hombres modernos,
que al mensaje eterno
contradicen por siempre,
y este hermano tan débil
con un alma tan tenue,
no le deja respiro
y se entrega y se vence,
y caído y rendido
al oráculo de los hombres

como un cordero ofrecido
por los paganos sin orden,
sacrificado y perdido
es sepultado en la vida,
en una tumba vacía
donde su alma herida
vaga sin rumbo y sin nombre.
¿Cuánta ignorancia, qué cobardía?,
teniéndote cerca
tus armas, tu vida
me entierro yo vivo.
El oráculo de los hombres,
son los paganos modernos,
que adoran al tótem con cuernos,
son falsos, débiles, grises,
y ante pequeños matices,
se caen y desaparecen
quedando de nuevo vacíos.
Es la riqueza, el poder,
es la materia, el placer,
los dioses paganos
de los hombres de hoy y de ayer.

Mi vida en el cenáculo

En esa noche cerrada
en la ciudad amurallada,
Jerusalén festejaba
la pascua, su libertad.

En un recinto muy pobre
entre paredes de piedra,
un grupo de hombres atentos
se sentaba a la mesa,
todo junto, en silencio
temeroso, algo ingenuo
y siguiendo a su maestro
enfrentaba al futuro
de ese Reino y su comienzo.

Nueva alianza, nuevo pacto,
esperanza, redención,
mandamiento del amor,
sacerdocio, comunión,
el inicio de un camino
de suplicio y de pasión.

Es tan grande el resultado
de esa noche de oración,
que vivir ese cenáculo
fue mi gran dedicación,
ser Apóstol por un día,
ese día en especial
de las grandes novedades
que Jesús nos vino a dar,
fue por ello que un jueves
decidí cenar allí.

Ingresé a ese recinto
de la antigua Jerusalén
y sentándome a la mesa
junto a ellos yo cené.

Quise ser Pedro, el confidente,
el amigo, su sucesor,
lo fui y lo gocé,
mas terrible fue mi tristeza
cuando tres veces te negué.

Quise ser Juan, el preferido,
y lo logré, lloré y te amé,
mas grande fue mi pena
cuando te traicioné.

Terminé siendo Judas Iscariote,
te desplacé por monedas,
errante en la vida quedé.

Fui Bartolomé,
sentí miedo de su triste final
de muerte y de dolor,
tuve miedo del martirio,
no comprendí el acto de amor.

Fui Santiago, el muchacho
que por ti todo dejó,
sus bienes, su juventud
y a ti se entregó,
sentí angustia al tener que abandonar
a mi vida mundanal.

Fue tan grande mi duda
que decidí ser Tomás,
y aunque pude tocar
tus llagas y tus heridas,
aún siento la aridez
y me pesa mi pequeñez.

Maravillosa fue mi cena
en ese lugar
al que suelo frecuentar
cada día al buscar
la razón de mis miserias:

cobardía, miedo, temor,
indiferencia, duda, egoísmo,
ídolos y deseos frívolos;
entro y salgo del cenáculo,
mi vida transcurre allí:
amando y traicionando,
alabando y negando,
creyendo y dudando,
rendido y luchando.

Mi vida en el cenáculo
es mi prueba de fuego,
es decir que te amo,
es cuidar mis anhelos,
es hacer lo que mandas:
tu voluntad, tu deseo.

La última cena, una cena

Ocurrió un día
lejano a los tiempos humanos,
reunidos a una mesa,
siguiendo al llamado
del salvador de este mundo,
con sentimientos profundos,
con el mandato divino
para fundar en la tierra
la institución de la fe.

Sentados en derredor
del Dios encarnado,
con el traidor acoplado,
nacía un reino de amor
y festejaban la pascua,
un paso, liberación,
la esclavitud en el pasado
por obra y gracia de Dios.

La nueva pascua ha llegado,
por ello esta cena hoy,
el mandamiento nuevo
es el mandato de amor,
y perdonar los pecados
para la gran sanación.

Así seguía la cena,
la última del gran Señor,
con su cuerpo de hombre
y con su gesta de amor,
para dejar el alimento,
se hizo pan y se dio,
sacramentado se hizo,
eternamente quedó
y desde entonces a hoy
es alimento del alma,
exterioriza creencias,
materializa la fe,
es sacramento, es paz.

La última cena fue una cena
que cambió a la historia,
que antecedió a la victoria
sobre la muerte y dolor,
porque triunfó la luz,
porque selló una alianza,
se recuperó la confianza,
la nueva pascua llegó,
cuando la vida emergió
con las heridas y llagas
y un nuevo Rey gobernó.

El monasterio en el valle

Buscando salir de este mundo,
me interné en senderos visibles;
quería alcanzar el silencio,
sentir los aromas del cielo,
la paz, el divino consuelo,
ver la luz y todo su espectro.

Dejé los terrenos poblados,
las estepas y llanuras,
me metí en las montañas
que se juntan y se cruzan,
y en el medio zigzagueando
van los valles con su ruta,
son los ríos que circulan
con su agua y energía,
las que limpian y dan vida
con colores y alegría
y fecundan las riberas
con el verde, la pradera.

Elegí uno de esos ríos
que me guíe y me lleve
a encontrarme con mi anhelo,
y bordeando las montañas
entre oscuros cañadones,
en un vuelo como halcones,
con las luces luminarias
alumbrándome el camino
de la tierra y del cielo,
encontré al monasterio
majestuoso y muy serio
en el valle de un gran río
que cruzaba y partía
en el medio al edificio.

La fachada misteriosa,
gigantesca, majestuosa,
con ventanas y terrazas,

altas torres y baldosas,
y en mi mente presagiaba
qué sería su interior,
quién vivía, qué hacían
por qué estaban, qué pasaba
ahí dentro, tras las paredes de piedra.

Golpeé las puertas
fuertes y rústicas,
aguardé las palabras
de algún ser humano,
extender una mano,
una explicación,
encontrar el silencio,
las palabras de Dios,
alcanzar a mi meta
buscada, anhelada
en esta misión.

Al fin llegó la voz esperada,
la puerta se abrió
y fue un paraíso
lo que allí se mostró:
un mundo de monjes,
su vida entregada,
en silencio y en paz
entregados a Dios,
con jardines y fuentes,
campanarios y altares,
lugares de alabanza,
todas vidas de oración.

Fueron días maravillosos
con el cielo cercano
en esos hombres de Dios,
el silencio es alegría,
es gozo, es pasión,
y los santos que vivían
alabando al Señor
y adoraban, bendecían

a la obra del amor,
daban gracias al creador,
veneraban su creación.

Con sus cuerpos reservados
y sus mentes puras, libres,
ejercían su llamado,
vocación, privilegiados,
a esa vida me entregué,
fui uno de ellos,
fui monje, fui hombre de Dios,
viví su silencio,
disfruté sus vivencias,
oraciones y rezos,
odas, cantos, palabras de amor,
trabajé en sus labores,
fui hombre de Dios.

El monasterio en el valle
es un foco de amor,
hay que saberlo buscar,
en él habita el Señor,
ellos son sucursales de Dios,
son fracciones de cielo
legados a hombres que aman
y sienten llamados de silencio,
son parcelas de cielo
que filtradas en la tierra
albergan a los seres
elegidos a servir
con las armas sapiensales,
llamados espirituales
con el verbo y la fe.
Sobre un río en el valle,
adornando las montañas.

Loas a María Auxiliadora VI

Tú eres eterna, tierna y misionera.

Habitas el cielo,
reinas la tierra.

Recorres con pasos incesantes
senderos que deja el caminante
buscando una ruta segura.

Levantas y limpias amarguras
de pueblos lejanos y paganos,
te ven y te dicen forastera,
te aclaman y abrazan con sus manos.

María Auxiliadora,
la virgen misionera,
imagen salvadora,
presencia que consuela
y mimas a la tierra.

Estás en el mundo,
atenta y radiante,
cual reina que cuida
poderes y artes,
cual madre, vigilas
tus hijos errantes.

Por ello caminas
por todo el planeta,
desiertos y selvas,
en grandes ciudades,
en campos sin gente,
buscando las almas
de seres inertes.
Cruzando los mares
llegaste muy lejos,
trepando montañas,
rozando al cielo,

dejaste tu aura,
tu halo celeste,
aliento divino,
aroma rupestre.

Tú eres eterna
y a todos nos llegas,
a todos nos cubres
con manto y con luz,
la luz que recorre
del cielo a la tierra,
la luz con que alumbras
al hombre en la guerra,
consuelas y alivias dolores y penas.

Bendita te dicen
en toda la América,
de Alaska te largas
en busca de seres
que ven en tu rostro
la madre que llega,
en Tierra del Fuego
te paras y quedas
y unes el mar con el cielo
que traes, en tu luz y presencia.

Y fuiste al África,
tierra de colores
oscuros y fuertes,
vistosos y claros,
resecos y verdes,
contraste de un mundo
de pobres y ausentes,
desierto caliente,
selva espesa,
que ahogan, pelean,
atrapan y enredan.

Siguiendo caminos
cual viejos beduinos,

transitas desiertos
arábigos, persas,
tu tierra natal,
la India feudal,
dejando tu marca
en obras y vidas
de almas y encuentros,
limpiando lamentos,
llevando alimentos
en tierras sin tiempo.

Te vas a la China,
sus costas, sus ríos,
murallas y sierras
con paz o con guerras,
a nada le temes,
nada te conmueve,
si nieva, si llueve
en tierras extrañas,
tú llevas la paz,
la digna educación,
palabras de perdón,
trabajo y acción
de hermanas de amor.

Caminas Indochina
en húmedas plantaciones,
arrozales, minerales,
ahí están tus amistades,
tus hijos perdidos,
trabajadores, heridos
en la fe y en el alma,
el rescate es la misión
con auxilio y con consuelo,
tu presencia es tu desvelo
de la madre y su anhelo
de cuidar y salvar
a sus hijos bien amados
por la tierra esparcidos.

En lugares parecidos,
todos reciben a su madre
con la fuerza y la pasión
de un reencuentro esperado,
al que está desamparado,
al que vive en soledad,
ella acude con bondad,
porque es madre, porque ama,
ella ama de verdad
a sus hijos, hijos todos,
con entrega y corazón
en el centro, en los confines,
con las tribus, las aldeas,
en poblado o ciudadela,
ella es guardia y centinela.

Y llegaste al continente
de animales raros y conjuros,
el país de los canguros,
de sequía y cocodrilo
y buscaste Polinesia
con sus lluvias a caudales,
de calores y humedades,
con el hambre de la gente,
de un espíritu celeste,
tú le diste contención,
les mostraste el perdón,
alimento y salvación,
indicaste el camino,
el camino del amor.

Descendiste en Timor
y en Samoa Occidental,
no dejaste un lugar
en oriente ni occidente
de la mano de valientes,
de los padres y los hermanos
misioneros Salesianos,
que debajo de tu manto,
con tu gloria y tu encanto,

por mandato de Don Bosco,
llevan letras, llevan datos
de Jesús Sacramentado
a sus hijos bien amados.

María Auxiliadora,
eres eterna, tierna y misionera
porque siempre estás,
siempre tú vas
marcando terrenos,
los propios y ajenos,
en la fría Siberia
o la extraña Mongolia,
singular Patagonia
es tuya, entera,
tú viajas, tú llegas
y allí donde vas, siempre te quedas.

El mundo de las misiones
es tu mundo, es tu acción,
tu las guías, las proteges
con tus manos y tus luces,
en Europa te evocaron,
veneraron y sacaron,
y zarparon de Turín
para el mundo conquistar
y llegar a los confines
con tu imagen y presencia,
y las almas a salvar.

Hoy los lobos son corderos,
los paisanos, los obreros
convertidos y sinceros
con la carne, con el verbo,
tienen paz, tienen fe,
porque ellos una vez
encontraron la mamá
que los vino a buscar
y les vino a reservar, un lugar
en el paraíso celestial.

Las tinieblas se elevaron,
el cielo se despejó,
el camino libre quedó
para el tránsito terrenal
y los hijos reconciliados
en parajes africanos
y en las islas Japonesas,
en Haití, la caliente Melanesia,
Palestina y las rusas estepas.

Tu presencia, María Auxiliadora,
en los confines de la tierra
es el triunfo del amor,
de la misericordia de Dios
porque eres universal,
divina y terrenal,
porque eres la luminaria
en mi tierra como en tierras extrañas.

Por ello las loas,
los cantos todos para vos,
porque sólo alabarte
es soñar con el don
de verte y tocarte
y sentir a tu voz,
de sentir y gozar a la gloria de Dios.

Los hitos de María

En espacios de desierto,
en el día y en la noche,
con el cielo cerrado y abierto,
no hay momento de derroche
para extrañas sensaciones
de solitarios caminantes,
los que gozan del concierto,
de las notas musicales
y los coros celestiales.

Se ven luces muy lejanas
y reflejos en las aguas,
donde azules manantiales
son la marca de la marcha,
de la vida en la tierra,
porque aguas que brotadas
de las entrañas terrenales
alimentan esas almas
y a los cuerpos le dan calma.

Son los hitos de María,
nubes blancas en el cielo,
luces santas, sus reflejos,
manantiales, los espejos,
las praderas, sus riberas,
el día, la aurora,
la noche, el lucero,
adornos dorados
que cuelgan del cielo
y muestran y alumbran
a un mundo en penumbra.

María y el manto,
las aves y el canto,
los rayos, los truenos
avisos lejanos,
visitas y encuentros
en hitos de vida

de agua y de luz,
presencia divina
en tierras muy áridas.

La vida se siente
que viene y que va,
con arenas y vientos
con tonadas y silencios,
cada muestra de que hay vida
es un hito de María,
de la madre que no deja,
la que ama y no abandona,
siempre alienta a las personas.

En espacios de desierto,
ella es el alimento,
es el rostro de la fe
en colores de las aguas,
las que sacian a la sed,
las que brotan de la tierra
en los frescos manantiales
que iluminan los desiertos
y las que emergen por efecto
de molinos y de vientos.

Mi guerra, mi triunfo

Salir a la calle,
enfrentar al demonio
todos los días
a cada momento,
peligros, tentaciones
son presencias
que a montones
arremeten contra mí.

Mi misión es enfrentar
la ofensiva, el bombardeo
del enemigo que pega,
ataca sin piedad
y a las espadas afiladas
las tengo que esquivar.

No hacerlo es rendirse,
es pecar, es morir,
entregarse y perder
a la gracia de nacer,
todos los días
debo hacer
ejercicios y oraciones
para no caer.

Siempre atento, sigiloso
a las vueltas y las trampas
del que vive del acoso,
del que insiste en llevarse
a las almas hacia el pozo,
en el fuego y perdición
de una vida perdida
y de la muerte querida.
Pero las armas las tengo,
las armas están
en mi mente, mi corazón,
con la fuerza de la oración
y una fe sacramentada,

con el alma alimentada
y el espíritu conectado al cielo
con los ángeles en vuelo.

Soy soldado, soy guerrero,
uno más del ejército celestial,
no estoy solo, somos todos,
tengo armas, tengo escudos,
y en los campos muy oscuros
somos luces batallando,
con errores y con faltas,
con pecados y caídas,
con la sangre y las heridas
me levanto, me repongo,
a cada rato me propongo
una meta que alcanzar,
pero ella siempre está,
es el cielo, santidad,
y un difícil caminar.

Ese es mi triunfo,
no es alcanzar a ese cielo
que quiero llegar,
es no perder la visión
y el objetivo buscar
cada día, cada momento
con las armas y los escudos
que el cielo nos supo legar.

Mis senderos interiores

Mirarme a mí mismo adentro de mi ser,
es la forma de ver,
maravillosos senderos
que son el salvoconducto
de los dolores y angustias,
la calma y la solución,
con el trabajo y acción
del espíritu y la mente.

Como un caminante perdido,
errante en el desierto,
llegamos sedientos y heridos
al pozo de Jacob,
sin saber que en mi interior
yace el manantial,
el agua viva y eterna que saciará mi sed
y por siempre me inundará.

Descubrir esos senderos es trabajo de la fe,
es el don de saber
que es Dios el que habita,
con su imagen y figura,
con su aliento y su palabra,
con el verbo de alabanza
yo lo puedo encontrar.

Cada vena, cada arteria
es el divino caudal
por donde circula la presencia celestial,
que en mi cuerpo es la sangre,
la que activa el corazón,
que palpita, que se excita
con la brisa espiritual,
la que activa a las brasas interiores,
que son llamas ardientes,
por efecto del aliento
que inyectamos en los cuerpos
por los ojos y los poros,

por las manos y la mente,
y consiguen ser el fuego
que del cielo se instaló
y es la fuerza que nos mueve
y alimenta el manantial.

Navegar por los senderos interiores
es buscar la fuente de la vida,
la presencia divina
en el templo material,
la luz, la energía
que me cuida, que me guía
si me abro y me dejo llevar.

El fuego y el agua son materia celestial,
la que yace en nuestro cuerpo
para el mundo enfrentar,
la sangre y el cordero,
el fiel y divino alimento,
los pastores, las ovejas,
los factores del momento,
los senderos interiores,
los caminos eternos,
porque somos seres divinos,
esencia de la creación
por divina decisión,
por la imagen y semejanza
y la presencia de Dios
vivo y resplandeciente
aquí en mi interior.

El convento de la montaña

En la ciudad
reinaba el pecado,
muy poca fe, nada de amor
en la ciudad, el descontrol.

Mirar el cielo era aliviar,
era encontrar un foco de luz,
con noches de estrellas,
mañanas de sol,
un poco de amor en ese paisaje,
buscando un mensaje
que venga del cielo,
que haga mi anhelo
feliz realidad.

La solución era salir
de esas calles contaminadas,
volar hacia el cielo yo no podía,
aunque quería, era mi sueño,
sólo quedaba la tierra surcar,
así encontrar esa salida
a otros mundos plenos de Dios.

Camina, camina,
humano perdido,
desorientado en mundo de malos,
si quieres a Dios
tendrás que luchar,
correr, caminar,
montañas bordear,
oscuras quebradas,
caminos de espinas
con piedras y arenas
que piquen tu piel,
si quieres ser fiel,
si quieres llegar al santo lugar,
debes sortear murallas y fosos,
pantanos y fieras.

Y fue esa voz la que me llevó
al santo lugar de las montañas,
una casa magistral,
un oráculo donde orar,
con santas mujeres,
señoras de Dios,
después de luchar,
exhausto y rendido,
me dieron asilo.

Atrás dejé el mundo,
no quiero volver,
quiero seguir camino del cielo,
sentir ese aroma, tan puro, tan pleno,
sentir los sonidos
muy suaves, muy bellos,
y ver a los seres que oran y piden
y siempre consiguen
perdón para el mundo
que allá en las ciudades
ataca y deprime
la obra creadora de amor y divina.

Llegué al convento y ahí me quedé,
miré y escuché al cielo y su voz,
con paciencia y silencio
a Dios lo gocé,
y al reino de la justicia
por fin disfruté.

En los umbrales del cielo

¿La tierra es parte del cielo?
¿O son puntos distintos
unidos por laberintos,
lleno de trampas y vueltas
que dificultan la marcha,
la manera de llegar?
¿Por qué el cielo es el anhelo
de los humanos del mundo
que buscan los pasos y agujeros,
la salida de esta vida
a una eterna y preferida?

Somos parte del universo
que deambula por el cielo,
somos parte de la vida
que trasciende nuestros cuerpos,
que desde tiempos arcaicos,
envueltos en el firmamento,
pasamos por los terrenos
mirando al infinito,
pidiendo para alcanzar
un día la gran llegada,
difícil pero anhelada,
y eternos allí quedar.

Tan lejos parece estar
el cielo y su portal,
sin embargo la realidad
nos dice que aquí está,
que somos parte de él
para gloria y consuelo,
los umbrales del cielo
la vida en la tierra es.
El límite es muy estrecho,
un hilo la separación
en la mente, sabiduría
la energía en el corazón,
la voluntad es la acción

y así la entrada
al reino de Dios.

Vivimos en los umbrales del cielo,
el reino está a la mano
amando a los hermanos,
sin juzgar, sin gritar,
en silencio y soledad,
porque el reino de bondad
es de amor y caridad,
es el reino de la justicia
de la brisa que te acaricia,
sin odio, sin dolor,
todo ello aquí nomás,
estamos en el umbral.

Una sala de estar,
un humilde y oscuro zaguán
al que se filtran luces y claridades
de las largas galerías celestiales,
vecinas después del portal.
Busquemos el cielo
pero en la tierra,
en nosotros mismos,
en nuestro cuerpo
donde conviven
sustancias y esencias,
divinas presencias,
espíritu y alma,
la energía de la sangre
por canales medulares,
entre cables cerebrales
van los chips que nos hacen celestiales,
descubrir nuestra parte divina
es la gran meta de la vida,
es alcanzar el cielo en la tierra.
Con la muerte y en la guerra,
con angustias y dolores,
el cielo ahí está,
sólo hay que pasar el umbral

con las ganas y pasiones,
sacramentos y oraciones,
en vivencias y veladas
del mensaje revelado.

Si profetas y patriarcas
por el cielo inspirados
enseñaron un camino
y marcaron un destino,
si los hombres elegidos
con pasión y vocación
llevan letras y alimentos
a la tierra y sus confines,
y si fieles al mandato recibido
dejan todo por amor
sólo al cielo rinden cuenta,
porque aquí fieles y atentos
encontraron la escalera,
la que deja el zaguán,
la que abre el portal
para el cielo contemplar.

Disfrutemos del umbral
de esas luces que filtradas
que penetran las pupilas
y que activan nuestro fuego,
nuestra luz interior
es el fuego que Dios puso en el corazón,
su presencia y voluntad
en cada ser de su creación
por su gracia y por su amor,
aún después de la traición
él al reino nos dejó,
y nos puso en el umbral,
al ladito, con caminos de llegada,
con las armas necesarias,
inteligencia, voluntad,
con virtudes y poderes
y el gran don, la libertad.

Printed by Books on Demand GmbH, Norderstedt / Germany